AF292805

Le Passage

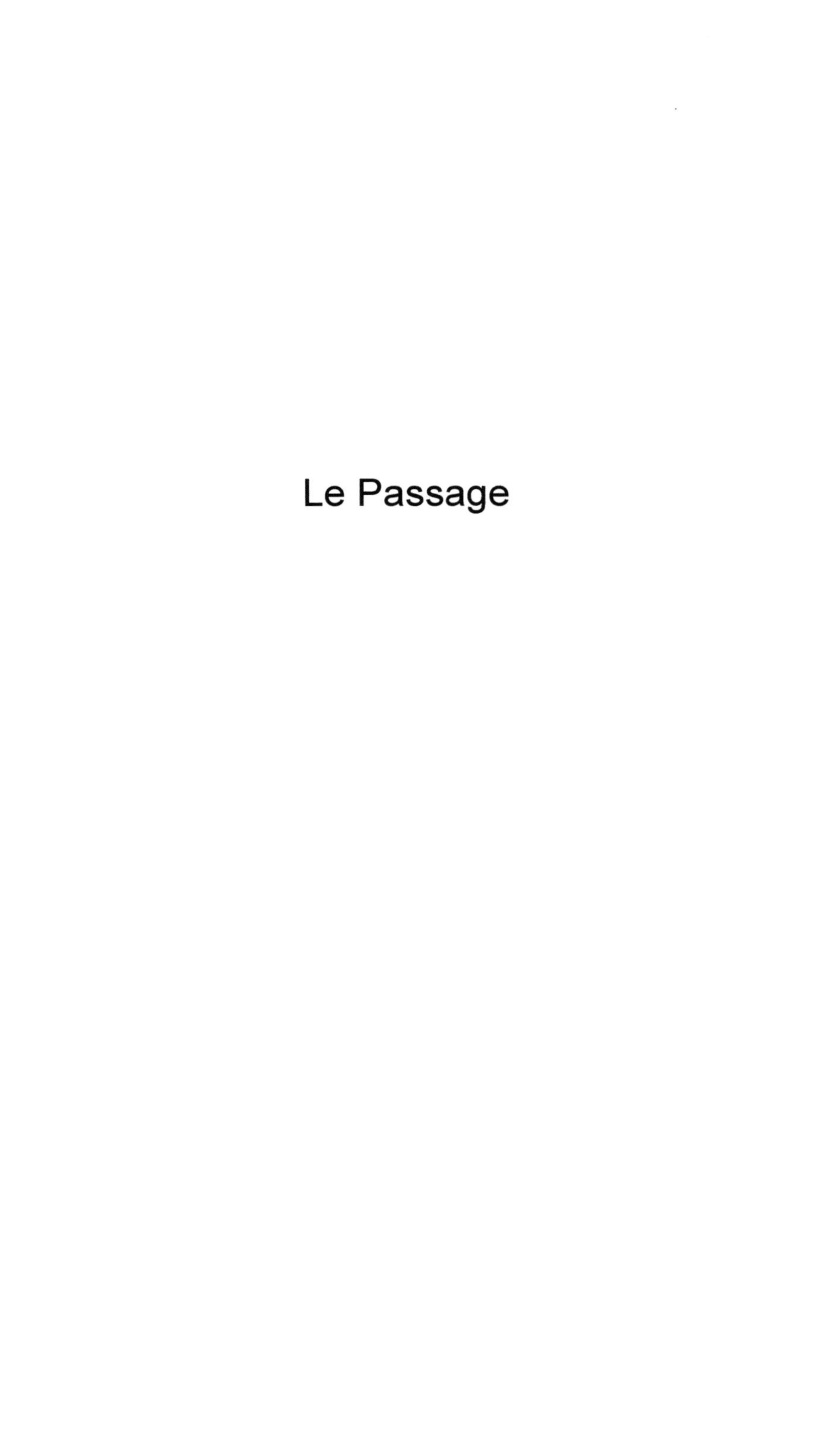

FSC
www.fsc.org
MIXTE
Papier issu
de sources
responsables
Paper from
responsible sources
FSC® C105338

Le Passage

Richard AMALRIC

© 2023, Richard Amalric.

Édition : BoD - Books on Demand, info@bod.fr
Impression : BoD – Books on Demand,
In de Tarpen 42, Norderstedt (Allemagne)
Impression à la demande
ISBN : 978-2-3224-9954-0
Dépôt légal : Août 2023

Je suis le messager de cette vie sur la terre. Après un voyage dans les Philippines où des découvertes m'ont ouvert les portes de qui je suis vraiment !

La découverte d'un autre monde a fait ressortir ce que j'ai été et surtout vécu dans la vie de mon corps avec ses moments de décorporations de ce monde invisible et je suis très content de vous faire vivre ce qui a été vécu.

Notre vie sur terre est le vrai purgatoire ceci est ainsi il faut toujours se battre mais gagner utopiquement le simple plaisir de vivre.

La philosophie dans son enseignement n'arrête pas de nous dire « il ne faut pas » « cela est interdit » « vous êtes dans le négatif » « arrêtez de croire »

Et l'être humain est complètement dans la prison de son corps, de sa pensée, de son inexistence, c'est complètement « le faux »

Mais comment expliquer de regarder ce que vous avez, mais non ce que vous voulez. Nous avons tous notre vie, nous en sommes les propriétaires et personne n'en a conscience !

Les textes, les livres peuvent nous donner des images constructives, le cerveau a besoin de nourriture, il a faim de ces connaissances et le « chemin de notre Vie » a un guide entre le cerveau et notre ventre (l'enfant intérieur) : s'il vous plait apprenez à l'écouter. Ce sera votre Guide.

Nous avons chacun notre « conscience » et le « subconscient » attend juste de rentrer en action ; à partir de ce moment précis vous deviendrez juste « le propriétaire de votre corps ». Le chemin est tout tracé.

Au début deux cellules le sperme et l'ovule se rencontrent et déjà ils pensent que nous allons fabriquer un être humain … Ce ne sera que lorsque la nidification de ces deus cellules auront pris la pose dans l'utérus de la matrice que là débute tout le Chemin de Votre VIE !

Nous allons prendre notre Vie, notre chemin est tout tracé de la lettre A jusqu'à la lettre Z ; voilà cette dernière est la base du livre que nous allons partager.

CHAPITRE 1

Les parcours de notre existence ne sont pas l'histoire du « Long Fleuve Tranquille » les plus et les moins vont lancer des jeux plus, je vais gagner et l'accident arrive tout se transforme le moins a gagné.

Un accident en pleine ville plus précisément rue de Metz à Toulouse ,un copain du collège m'appelle, je réponds :

Attends je viens.

Au carrefour un agent de la circulation avec son beau képi sa tenue règlementaire juste devant le passage clouté fait traverser les piétons et moi j'arrive le dernier … Une voiture surgit de je ne sais où me renverse (avec ma cuisse gauche j'avais tordu l'aile de la voiture et cassé le phare ...)

A ce que je sais bien longtemps après j'ai fait un vol plané de six mètres de long sur le dos et à quelques centimètres sur une voiture de sport décapotable, la vitre avant gauche ma nuque est passée (compte rendu de l'accident) à trois centimètres de mon cou.

Je n'avais que quinze ans, transporté je suis inconscient dans le grand hôpital dans le coma profond.

J'entends TOUT

Je ne savais plus les où ?

Qui je suis ? Où je suis ? Je suis vivant ou Mort ???

Pendant sept jours je sentais sans comprendre ce qui m'arrivait, je n'étais plus qu'un jouet entre leurs mains.

Attention, vite on est en train de le perdre, vite REANIMATION le cardio tombe dans le néant, augmentez les doses faites le choc plus fort encore ...

Ouf il revient

Tout doucement maintenez son CARDIO encore+++

Comme si je revenais d'un rêve, d'un cauchemar, je reprends vie, j'ouvre les yeux je vois tout ce monde autour de moi je ressens tous ces cœurs qui battent les yeux ont changé d'expression.

Il est REVENU ! Vous revenez de LOIN.

Que s'est -il passé ?

Où suis-je ?

Qu'avez-vous fait ?

Toutes ces questions ont habillé mon retour chez les vivants et je n'ai pas eu la moindre réponse.

Je me regarde dans le lit je retourne le drap et je vois un énorme pansement sur ma cuisse gauche, encore le trou noir !

Pour un changement dans le corps, le mien, je partage avec le questionnement et il me donne une réponse :

Tu aurais pu ne pas revenir sur terre, tu aurais pu venir rejoindre les ÂMES, mais tu ne voulais pas.

Mais

Qui me parle ?

C'est moi, je suis ton âme !

Je ne comprends rien c'est quoi cette histoire ?

Tu as eu un accident. Je suis resté avec toi.

Qui êtes-vous pour me parler ainsi ?

Je suis ton ÂME.

Voilà en gros le voyage dans cet autre monde, donc si j'ai bien compris je suis sorti de mon corps !

Effectivement maintenant je commence à comprendre, je voyais cet univers, tous les autres étaient dans leur lit moi aussi, je voyais j'écoutais tous ces bip bips et le service de réanimation enregistrait tous les mouvements internes aux corps, je me regardais comme en plein sommeil les traits de mon visage étaient détendus pas de contraction aucun geste ! J'étais là.

Je venais de faire mon premier baptême dans l'au-delà !

Finalement mourir n'est pas douloureux c'est même une douceur de quitter son corps.

Je prends conscience de cet état l'année de mes quinze ans.

Le corps médical a une grosse responsabilité, le suivi de toutes les constantes, les interventions lors d'un changement de situation, pas une minute dans le « je n'ai pas vu ! » surveillance à cent pour cent vingt -quatre heures sur vingt-quatre. C'est la règle.

Une fois que le vrai réveil a frappé à ma porte :

J'ai faim.

Le chef de service un très bon Docteur est venu au pied de mon lit et :

Bonjour Richard je vais t'expliquer les pourquoi ? Tu as eu un accident sur la voie publique et il aurait pu être très grave mais tu es jeune et tu n'as pas voulu nous quitter ! Tu es dans le service de réanimation depuis exactement sept jours nous avons suivi toutes les constantes et enfin tu es revenu !

… ?

Expliquez-moi ?

C'est encore trop tôt je pense que d'ici deux jours je te dirai tout. En attendant on va te mettre dans une chambre seule, tu veux la télévision ?

Pourquoi …

Pour t'accompagner !

Je me sens perdu dans mes pensées dans mon , seul dans ce monde tout blanc le personnel n'arrête pas de venir me voir, je suis vraiment perdu.

Pas la moindre visite, je demande encore pourquoi :

Il est encore trop tôt pour les visites. Le Docteur donnera le feu vert.

Je me sens inutile, attendre encore et encore, que les journées sont longues, là je demande des revues ou des livres pour me fabriquer autre chose. Evasion.

Le Passage a été refusé je suis encore trop jeune pour faire cette liaison, non j'ai encore besoin d'aller plus loin.

Dès les premières lignes de cet ouvrage j'aime bien en découvrir encore les dessous de la vie présente, mon cerveau dans un sens fait ressortir mon état second et il m'envoie une multitude d'images que je visualise avec curiosité et zénitude !

Je me vois pendant l'accident en plein vol le dos au-dessus de l'asphalte cela en grande vitesse dans un sens c'est irréel et agréable.

Cette image me transporte dans un autre monde je vois le ciel il m'envoie des images profondes, sous forme de clignotants bien perceptibles dans un dialogue bien personnel, il me redonne le film du début de ma vie intra-muros, je suis au chaud dans ce bain mais je ne me sens pas bien …

Pas de pourquoi c'est juste comme ça. Je vais bientôt rejoindre le monde des vivants, ça se passe comment ? Je suis sorti bien avant l'heure, à croire que c'était prévu.

D'autres images se bousculent dans ma tête comme celle de la présence d'un copain qui voulait me voir blaguer pour le plaisir, l'image est trop vite partie dans les oubliettes mais ses yeux ont eu le plaisir de se fixer dans ma mémoire !

Je ne l'ai jamais revu.

Image d'un arbre ce n'est pas celui de la vie c'est juste une image. Pas le moindre son le grand silence et mon corps continue son vol uniquement physique attention à la voiture elle me semble rouge (la couleur est bonne) il y aurait quelques centimètres de plus AT-TENTION pas ce choc NON pas ça.

Mon corps a bien senti trois centimètres de plus et Ma VIE aurait dit AUREVOIR.

Fini plus d'images plus rien je suis dans l'autre monde je plane je découvre cet univers je me sens bien en pleine lévitation quelle découverte, et il y a toujours ce fil qui me relie à la terre il n'est pas gros et pourtant bien présent.

Je suis libre et attaché en même temps les pourquoi sont omni-présents.

Mon guide ou mon cerveau me communique :

Ce n'est pas le moment pour toi de nous rejoindre, c'est juste une étape. TON ETAPE.

Juste ce message il me réconforte dans un sens mais pas dans le TOUT.

Je me promène dans cette unité de réanimation, je vois tous les autres dans un état qui m'était inconnu et je me vois dans la même position comme dans le film « GHOST » je suis irréel mais là.

Le mot PASSAGE n'a plus la bonne longueur d'onde les oui et non sont en dualité j'ai quinze ans et je ne sais plus où est la réalité.

Pourtant le message donné en amont devrait me rassurer il est en équilibre…

Mais pas MOI !

Je vois tout ce petit monde autour de mon lit ils n'arrêtent pas de me toucher, de m'ausculter d'écrire une multitude de chiffres et de lettres dans ce qu'ils appellent les transmissions elles seront rangées dans mon dossier !

Donc j'ai mis un pied dans l'autre monde il ne ressemble à rien de ce qui est la réalité. Sur terre on est inondé par des théories des statistiques des supputations des j'ai raison (je le sais) le monde des vivants est comme ça.

La réalité est toute autre.

ATTENTION je vais tout bientôt me réveiller ce n'est pas loin encore une heure ou plus c'est ma lecture du prévisionnel ! Pour moi c'est un cadeau extraordinaire !

La prévision s'est avérée exacte. Pile une heure à la seconde près j'ouvre mes yeux je ne vois encore rien mais je suis là, je suis entouré de multitude de personnes toutes de blanc vêtues un peu comme si j'étais dans un autre monde.

La REANIMATION …

Richard vous m'entendez ?

Vous nous voyez ?

Vous êtes revenus avec nous. Doucement on a tout le temps dans le calme.

Vous avez eu un gros accident et vous êtes bien revenu !

Voilà comment cela se passe je viens de vous faire vivre un RE-TOUR

Le simple fait de vous l'avoir écrit m'a fait revivre de A à Z cet état, du coup je vais faire une petite pause dans notre jardin afin de voir la vie de toutes les plantes les fleurs les odeurs les couleurs et je vous dis à tout bientôt …

CHAPITRE 2

Une rentrée dans le service des SOINS PALIATIFS.

C'est une situation bien différente de toutes les autres unités. Elle a cette particularité de pouvoir prendre les règles basiques sur trois points :

1 ECOUTER

2 ENTENDRE

3 DIRE LES BONS MOTS

Les personnes qui sont accueillies dans ce service savent déjà la finalité, ils sont conscients de leur état et attendent beaucoup de notre présence !

La base de notre structure est basée sur les trois points énumérés ci-dessus.

Il est vrai qu'en fonction des possibilités du Personnel SOIGNANT le facteur temps prend une place énorme. Ce dernier en rentrant dans cette Unité doit savoir faire le Vide dans sa propre vie et une fois bien libéré il peut rentrer avec la charge de faire ce que les MALADES attendent de nous.

La prise de conscience commence là :

Frapper à la porte.

Entendre la réponse. (Pour ceux qui peuvent parler)

Rentrer avec un regard non invasif.

Et prendre son rôle. (Il sera déterminant !)

Voyez bien la place de chacun, autant de patients, ils sont tous UNIQUES. Chacun entendra les mots qu'ils ont besoin d'entendre, ce sera cette prise de conscience entre l'ECOUTE et l'ENTENDRE.

Je vais rentrer dans la chambre 7.

Le processus est bien enclenché, le dialogue ne sera pas long mais complet. Ce Monsieur sait parler avec ses YEUX, et je lui réponds avec ses quelques gestes dans le but d'apaisement, il se détend dans la mesure de ses possibilités.

Il est très faible, arrive à me faire comprendre ce qu'il voudrait :

Je VOUDRAIS VOIR MON CHIEN ?

Ce Monsieur est un Maître -Chien, qui a partagé toute sa vie avec eux.

Il est si maigre, il n'a plus la force de bouger, tout est douleur, ce qu'il m'a demandé est absolument énorme et je réponds :

OUI je vais téléphoner à votre Dame.

Je prends le téléphone portable et :

Bonjour à vous, j'ai une chose importante à vous demander ; amenez son chien le plus tôt possible. Si- possible aujourd'hui, je vous en remercie par avance pour lui …

Je vois son regard s'illuminer, imaginez le MERCI de ce Monsieur. Deux heures après le toc toc sur la porte (j'ai l'immense chance d'être là

Entrez. Merci d'avoir fait si vite.

Le CHIEN est Là.

Je vois les yeux entre SON MAITRE ET SON CHIEN des larmes coulent des YEUX ils sont en osmose. Son CHIEN a sa tête sur le bord du lit et moi de l'autre côté j'ai posé ma main sur la sienne …

Une heure après c'était FINI.

Mes chers lecteurs ce que je viens de vous faire partager est Immense même des décennies après, cette image est encore dans mon moi. Prenez ce dont vous avez besoin pour vous enrichir. Je PARTAGE.

CHAPITRE 3

Mon corps me parle, il me demande son écoute, je l'entends et je sens une révolution se préparer un peu comme un orage en prévision, je le sais il n'y en a pas pour longtemps …

Mon enfant intérieur ,c'est le ventre dans la sagesse chinoise, bouscule tous mes organes je ne suis pas bien, la révolution est déclarée !

Je me sens partir, je laisse faire ce qui doit arriver et c'est parti !

Et je PARS ce sera ma PREMIERE DECORPRORATION je quitte mon corps, je suis en spectateur contre le plafond je me vois dans le lit complètement recroquevillé le corps est touché jusqu'aux plus petit millimètre de profondeur.

Je me regarde.

Je vois la lumière blanche comme un immense tuyau éblouissant, dedans vers le fond je vois des personnages, ils me connaissent et je renvoie la même image …

Viens avec nous. Tu as bien travaillé sur terre.

NON JE N'AI PAS FINI MON TRAVAIL.

Viens tu verras comme on est bien.

NON PAS ENCORE JE SUIS TROP JEUNE. NON NON NON…

Je me revois je suis au-dessus de mon corps il faut que je fasse le retour, là maintenant

Si tu reviens tu vas avoir mal, très mal !

Je le sais mais il faut que je revienne tout de suite.

Et retour dans mon corps malade, j'hurle tellement la douleur est puissante tant et si bien que je n'ai plus de conscience !!! J'ouvre la porte du COMA.

Je ne reconnais plus mon corps je suis transbahuté toujours en décorporation je suis sur une table disons un peu différente c'est une table d'OPERATION il y a plein de monde autour de moi.

Le geste !

Je suis complètement OUVERT et je ne peux plus rien voir je suis parti.

Le temps n'existe plus je ne sais plus d'où je viens et où je vais-je ne suis plus rien comme si je n'existais plus.

Et pourtant je suis LA. Non je ne suis pas MORT. Et pourtant !

Je prends une forme de conscience qui me rassure un peu, le décor il me semble déjà le connaître et ce n'est pas le même, dans ce silence enveloppant je cherche mon point de repère. Il n'existe pas.

Je me regarde j'ai des tuyaux partout, des fils qui partent de tous les côtés il y a juste comme un bout de chiffon pour recouvrir mon corps nu.

Je ne peux lui parler, je ne fais que le RIEN !

Encore ces gens tout de bleu ou vert je ne sais faire la différence qui n'arrêtent pas de me toucher me tourner comme une crêpe avec grande douceur.

Là je ne suis RIEN.

Où cette vie va-t-elle me conduire ? Que vais-je devenir ? C'est ça mon Chemin de Vie ? Pourquoi à Moi ? Et pourtant je suis dans cette position d'attente, ça va durer longtemps encore ?

Enfin mon guide rentre en communication :

Soit patient ils se sont très bien occupé de toi.

Mais pourquoi Moi ?

Tu as été à deux doigt de partir, tu es Là. Je ne te quitte pas je suis toujours à côté de toi.

Non pas de question. Tu peux me faire confiance. A plus pour une autre connexion !

Et encore une fois je suis ici.

Je prends les évènements comme ils se présentent en conclusion je vais partir en exploration dans les fin fonds de mon corps biologique.

Je sais que j'ai le temps et c'est parti pour un grand plongeon.

Comme tout commence je me promène je regarde en voyant mes organes le cœur est bon malgré tout ce qu'ils lui donnent à manger et je le tranquillise par télépathie, voilà il se calme un petit peu (c'est mieux comme ça) juste à côté les poumons qui sont censés donner de l'oxygène par le biais des quatre veines pulmonaires doivent nourrir le sang.

Si je ne suis pas propre c'est qu'il manque de l'O2 il faut que je trouve une solution, comme s'il m'avait entendu par de toutes petites quantités il me nourrit.

Le foie va. Le pancréas idem est LÀ ?

Mais qu'ont-ils fait ? Ils ont COUPE au moins soixante centimètres mon ventre n'est plus du tout pareil …

Je suis passé de très près de la POCHE de dérivation.

Ils ont fait une très bonne anastomose c'est déjà ça.

L'opération a dû être bien longue !

Je laisse mon corps devant un tel tableau, je reste plus que dubitatif.

Je sors de l'intérieur et je jette un œil sur mon ventre extérieur ils m'ont tout ouvert la cicatrice est longue.

Je laisse tomber.

Je reviens dans mon coma artificiel il n'arrête pas de me parler

Comment tu vas ?

Je suis dans mon impasse.

Ne t'en fais pas je suis encore ton guide !

Il y en a pour longtemps ?

Ça c'est bien toi !

Je encore une fois « replonge » j'abandonne ce combat et je me laisse porter.

Les bips de signalisation donnent l'air de se calmer.

Il se calme.

Le FIL qui me retient est fonctionnel (tant mieux) et les secondes, les minutes, les heures, les jours, les semaines sont toutes dans le bon mouvement.

Cliniquement je suis Mort mais Vivant grâce au FIL.

Lui me rattache. Il me maintient en pensant « LE FIL » il m'évite et c'est bien comme cela de faire ce « PASSAGE » cela ne tient qu'à un fil !

En vous donnant tout ce travail intérieur écrit exactement comme je l'ai vécu cela me permet de vous donner un aperçu de ce que c'est la vie et la mort !

Cette conscience a le simple but de vous informer des éventuelles possibilités des ressources de l'ÊTRE HUMAIN. Elles sont immenses et bien présentes !

Si vous voulez, tant que le cerveau et le cœur n'ont pas fermé la porte la VIE sera toujours là.

Ce message m'a touché lorsque je n'avais que trente-quatre ans ! Depuis mon corps n'a pas arrêté de continuer son chemin à ma grande satisfaction !

CHAPITRE 4

Mutation dans mon métier d'Aide-Soignant on me propose un service disons un peu différent, que l'on me fait visiter et sur le dessus de la porte il est marqué en grosse lettre « SERVICE DE SOINS PALIATIFS »

Un peu comme par hasard qui fait pourtant bien les choses je vais découvrir cette nouvelle unité.

Je suis accueilli par la Surveillante du service dans son bureau et le dialogue est ouvert :

Bonjour à vous Richard nous avons un grand plaisir de vous inviter dans cet endroit. Avez-vous déjà vu ce genre de service ?

Oui Madame il y a déjà quelques décennies.

Donc vous connaissez déjà.

Non Madame on ne peut tout connaître chaque personne est unique donc on ne peut comparer avec personne.

Ouhaa vous avez de l'expérience.

Que nenni, l'expérience se construit par millimètres de jour en jour ! Je vais me faire un plaisir de découvrir votre unité !

Avec plaisir. Venez, je vais vous présenter et surtout au le Médecin Chef de Service.

J'ai déjà sorti mes antennes en si peu de temps, j'ai entendu des phrases tomber dans le mauvais sens.

On est devant la porte du grand Patron, la surveillante frappe,

Entrez.

Bonjour Docteur je voulais vous présenter notre nouvel Aide-Soignant.

Bien je vous écoute.

Voilà il s'appelle Richard et il a déjà quelques connaissances.

Là il me regarde et il a réussi à lire dans mon regard !

Bonjour Docteur, quand j'ai appris qu'il y avait une vacation dans votre service, j'ai aussitôt postulé.

Il y a longtemps que vous êtes dans le milieu hospitalier ?

Trente ans.

Avez-vous des connaissances dans ce genre d'unité.

Oui. J'aimerais approfondir. Les connaissances sont comme un puits sans fond. Bien des découvertes peuvent nourrir mes maigres découvertes !

Silence

C'est un service lourd

J'ai déjà donné

Vous avez l'air de comprendre bien des solutions

Il y en a à l'intérieur de chaque personne dans les deux sens entre le Soignant et le Soigné !

J'aime bien votre réponse. Madame la Surveillante je vous remercie de lui faire faire le tour de nos malades, merci.

Richard bonnes découvertes.

Nous sortons de son bureau et la Surveillante me regarde de manière interrogative de l'air de dire

Qui êtes-vous ? Le grand Patron c'est la première fois que je le vois d'une manière complètement différente, le dialogue entre vous deux m'a laissée pantoise !

Et ce n'est que le début !

Dans chaque chambre tous ces gens qui sont là en sachant la finalité de leurs séjours nous accueillent avec des visages différents voire questionnants.

Rien n'est pareil, les quelques mots dits aux malades changent le regard, sans rechercher des dialogues, seulement contenant les MOTS qu'ils ont besoin d'ENTENDRE ! Remplissent les cerveaux d'une certaine rationalité donnant une bonne cohésion pour chacun.

En termes simples chacun du service à la chance d'avoir un surnom du genre le DOCTEUR, la SUSU, l'AS, sans le moindre genre diminutif !

La SUSU me présente à toute l'équipe en expliquant mon arrivée et faisant comprendre que je connais un petit peu !

A partir de demain vous serez dans l'équipe. Ah voici vos nouveaux collègues.

Le demain est arrivé.

Je ne cherche pas la petite bête mais j'entends, le comportement des dialogues pas toujours appropriés, je ne fais que constater.

Dans ma petite tête j'ai déjà la compréhension !

Encore une journée ou deux je vais commencer à poser un plan de changement.

Le DOCTEUR vient vers moi et

Comment allez-vous ?

Il y a des choses à voir différemment.

Le respect pour certain est absent. J'ai bien envie de leur apprendre à le modifier !

Comment ça ? J'ai ma manière ce n'est que le début, et le SOIGNE et le SOIGNANT.

J'ai déjà donné et surtout avec des changements. Le simple fait de faire comprendre qu'un jour ils pourraient être à la place des MALADES.

Vous avez des compétences ?

Non des passages. Du vécu. De voir les choses sous un autre jour !

Et c'est parti …

Nous sommes demain.

Je suis avec une collègue en binôme pour la matinée, la journée est bien partie.

Il faut se dépêcher nous n'avons pas que ça à faire !

Alors là maintenant je vais vous faire comprendre que nos malades ne sont pas des instruments. Ce sont des MALADES, il faut les REPECTER.

Je prends la place de l'autre et je commence le SOIN. Des gestes sûrs, non rapides mais bien placés avec le dialogue approprié à cette personne

Voilà le comment. Vous avez compris ?

TOUT DEBUTE PAR UN COMMENCEMENT.

Les changements dans la vie de tous les jours peuvent devenir constructifs!

Le mot « HABITUDE » je me suis fait un Jeu avec une petite phrase du genre « Vous croyez qu'elle est bonne ? »

Comme ça elle est complètement différente. Les malades présents dans cette unité sentent un changement, ce n'est pas comme avant.

En un mois de temps un souffle de tranquillité donne une nouvelle odeur.

Il ne suffisait que d'une ancienne qui savait tout sauf apprendre à écouter !

Mise en situation, une entrée arrive, je me précipite doucement pour lui faire l'accueil réservé à son personnage :

Bonjour à vous je suis Richard A.S. pour vous installer dans votre chambre. S'il vous plaît, suivez-moi.

Merci monsieur.

Appelez moi Richard, c'est plus sympa.

Voilà une mise en bouche.

Installation, faire son inventaire, parler doucement sous forme non invasive, poser le moins possible de questions nous aurons le temps dans la journée, lui expliquer en quelques mots le fonctionnement de la journée.

Arriver à se mettre à la place …

Une fois par semaine nous faisons un « STAFF » Chaque fois nous prenons une personne qui commence à marquer un déséquilibre.

L'ordre du jour :

Faire sa prise en charge.

Qu'avez-vous remarqué ? Surtout dans son comportement ?

Qui prend la parole ?

Je lève la main.

La parole est à vous Richard.

Elle a des visites depuis le début de la semaine qui lui donnent du négatif, il serait prudent de demander un peu moins de visites surtout dans la durée. Le simple fait de la sortir de sa chambre pourrait-être une solution !

Qu'en pensez-vous ?

Réponse collective :

On n'a pas le temps.

Objection. Le simple fait d'ouvrir la porte donnant dans le couloir, ce n'est quand même pas difficile ! La vision sera ouverte.

Le DOCTEUR aime bien les jeux de rôles la tournure du service est dans le changement, sera-t-il favorable ? Dans le temps.

Fin du Staff tout le monde sort reprendre son travail et les chuchotements sont amusants, voir dans le changement ! Tout évolue.

Prise en charge.

Une personne : elle est dans la chambre onze, son mari est présent tous les jours, il est à ses côtés, lui donne son sourire aussitôt renvoyé par son épouse, son cas est encore dans des conditions lourdes.

Elle ne peut pas bouger, elle est entièrement dépendante, nous avons une position très importante, LA PRESENCE. Son corps est DOULEUR nos manipulations extrêmement légères avec nos mots pour l'accompagner dans ces soins !

Devant elle dans son adaptable il y a en permanence ses deux livres ouverts à la bonne page et leur temps de lecture finie nous lui tournons les pages suivantes (quand son mari n'est pas présent !).

Cette personne n'a plus la puissance de parler, ce ne sera qu'un murmure dit avec son sourire, tous ces moments sont dans le but de satisfaire au mieux sa position de MALADE !

A chaque visite ne serait-ce que l'ouverture de la porte de sa chambre c'est pratiquement une fête !

Quelle humilité omniprésente.

Et nous nous avons tout … Elle a tout perdu … Sauf son sourire …

La présence de son mari est Exceptionnelle. Leurs dialogues avec leurs YEUX en dit long, très LONG !

Je me mets dans une position que jamais je n'aurais pensé pouvoir prendre et ça coule de source c'est automatique, quand je quitte le service cette malade à toujours mon petit coucou pour lui dire à demain !

Son mari me parle souvent de leur vie d'avant il porte ce poids depuis si longtemps et tous les jours il se pose LA QUESTION

Demain ce sera comment ?

Il reprend sa voiture se gare pratiquement sous la fenêtre de sa chambre dans le même rituel avec quelques fleurs des champs en forme de bouquet qui va lui donner une autre couleur et parfum (fleurs bien choisies tous les jours !)

A chaque fois ELLE lui donne son grand sourire …

Cette personne … cette chambre … ce sourire … cette maladie évolutive …

Le grand ralentissement la perte de vitalité profonde rendent son corps de plus en plus faible un jour où je venais lui tourner les pages ELLE s'était endormie.

Je suis resté dans sa chambre pour lire ce corps malade qui ne sais pas du tout ralentir il pousse doucement son travail destructeur encore plus loin, il ne sait rien faire d'autre que de continuer.

Un jour je suis appelé par le DOCTEUR

Richard comment va la DAME du onze ?

Elle descend tout doucement et n'arrive plus à communiquer sa voie est ralentie ses poumons n'ont plus de force, cela fait mal au cœur !

Et son Mari ?

Il ne sait plus le lendemain comment ELLE sera ! Il faut vraiment AIDER ce COUPLE. Nos regards seront les meilleurs médicaments.

On se tient au courant+++

Il faut trouver une solution je vais voir le DOCTEUR pour lui soumettre une de mes idées.

Entrez Richard.

Voilà la dame du onze me pose un problème ... Ma question est simple que peut-on faire pour son corps malade ? D'une part pour ELLE et d'autre part pour son MARI. Avez-vous une solution s'il vous plaît ?

Merci de votre intervention, moi aussi je pense que de laisser cette personne dans cet état n'est pas HUMAIN.

Bien et si nous allions voir, pour parler à son MARI serait la bonne chose à faire.

Cela aussi j'y ai pensé,

Il vient tous les après-midis ce serait le bon moment …

Vous m'appelez quand il sera là. Richard vous êtes précieux ici dans le service !

Encore dans cette chambre, elle me voit elle n'a plus la force de faire son sourire, mais moi oui. Je lui fais sa toilette en douceur en bienveillance je lui masse tous ses muscles lui fait bouger ses articulations toutes les deux heures je lui fais le changement de position (depuis son arrivée aucune escarre !)

Je lui mets son parfum préféré une fois que j'ai fini, je lui lis quelques pages de ses deux livres, elle écoute.

Maintenant je ne peux lire aucun signe sur son visage, mais je sais qu'elle a tout entendu dans son cerveau, et encore une étape de faite !

Toujours à la même heure, sa voiture garée sous la fenêtre de sa chambre, son MARI descend avec son petit bouquet de fleurs des champs en peu de temps l'escalier a volé sous ses pieds, Il croise des collègues avec un petit sourire, il ne peut faire plus !

Je le croise. Il me regarde. Il ne pose pas La QUESTION ?

J'appelle le DOCTEUR,

Il arrive.

Bonjour à vous MONSIEUR, avec Richard vous pouvez venir dans mon bureau s'il vous plaît ?

Nous nous retrouvons tous les trois chacun à une chaise et :

Voilà avec Richard nous nous posons bien des questions au sujet de votre EPOUSE. Elle est bien fatiguée et tous les jours sa douleur augmente … Nous voulons trouver une solution, qu'en pensez-vous ?

Silence …

Je vois des larmes couler de ses yeux, elles sortent de son cœur. Rien à dire …

Je vous demande une chose importante, JE PEUX AIDER.FAIRE. Un anti douleur puissant … Donnez-moi le feu vert ou le rouge.

Silence.

J'interviens :

De jours en jours tout se passe, je communique de tout ce que je peux, vous êtes conscient comme moi de son état. Le DOCTEUR vous fait une proposition … Personnellement c'est une vraie gratitude pour votre EPOUSE. Voilà ce que j'avais à vous dire.

Son regard en dit long ++ il nous regarde avec un milliard de points d'interrogations …

Il est conscient, il comprend que de laisser son EPOUSE dans cet état n'est pas la solution, tous les jours son immunité décroit ses signes de vie s'amenuisent.

Il faut l'AIDER …

DOCTEUR je vous donne le feu VERT, mais comment allez-vous faire ?

Je vous remercie MONSIEUR, je vais simplement l'endormir, comme ça, les douleurs ne seront plus présentes. Demain matin.

Enfin votre EPOUSE sera LIBRE.

MONSIEUR je vous dit MERCI.

Le centre anti-douleur a bien fait son travail !

Le virage de la vie fait en soit La Porte Ouverte « LIBERTE ! »

Quelques temps se sont écoulés, je reviens vers ce bon Médecin et :

Docteur j'ai une question à vous poser.

Je vous écoute.

Avez-vous déjà dans votre longue pratique en Soins Palliatifs accompagné le moment précieux du PASSAGE de la VIE à la MORT ?

Richard vous êtes un A.S. un peu hors norme, et ma réponse est négative …

C'est un moment très important, car l'ÊTRE HUMAIN a besoin de ne pas partir SEUL. Voilà je vous propose de venir vous chercher pour ce PARTAGE.

Ce serait une invitation importante car le jour, le moment, est bien placé pour notre action !

Il y a une de nos patientes qui n'est pas loin de ce moment, quand je vous appellerai ce sera le bon moment, il faudra venir rapidement.

Docteur, maintenant.

Merci, vous aller vous mettre du côté gauche en relation avec le cœur. Et moi du côté droit je serai en connexion avec le cerveau droit c'est lui qui donne l'ACTION. Nous allons l'accompagner. Fermez vos yeux et laissez-vous porter.

Par télépathie nous allons vous faire vivre ce PASSAGE.

En très peu de temps le souffle de sa vie est venu prendre.

En un instant T la patiente est partie accompagnée vers SA LI-BERTE.

Tout a été extraordinaire.

Nous sommes restés tous les trois avec le RETOUR le sien, le temps de reprendre notre conscience, le Médecin a réouvert ses yeux, dans le silence, nos regards se sont croisés …

Richard vous êtes la première personne à m'avoir invité pour AS-SISTER. Merci.

Vous êtes une personne qui DONNE. Le service grâce à vous est complètement changé, il est pilote !

Dans le personnel de cette unité, il y a une personne qui est en permanence dans le service pour nous aider à accompagner le personnel afin de le soulager psychologiquement dans les moments difficiles, je vous présente notre « Psychologue ! »

Depuis que je suis dans ce service, je n'en ai pas eu besoin, j'ai ma solution à l'intérieur de mon cerveau (mon copain) et cette journée, le service est un peu plus calme, et enfin je vais frapper à sa porte !

Entrez !

Là je vois une personne derrière son bureau avec l'image du chien le cocker avec des yeux larmoyants, le visage triste, l'air abattu, et :

Et bien Madame ça n'a pas l'air d'aller bien ? Que vous arrive-t-il ? Que s'est-il passé ? Allez, je vais vous donner un petit coup de main.

Pendant une bonne demi-heure en inversant les rôles je lui ai rendu le visage d'une thérapeute bien ouvert, le sourire des bonnes occasions arrivant jusqu'à la pointe de ses oreilles et :

Mais qu'avez-vous fait ?

Je vous ai rendu votre Vous ! C'est bien plus agréable, non ??

Cette petite histoire a vite fait le tour d'une part dans le service et d'autre part au sein de l'établissement !

Finalement j'ai eu une immense chance d'avoir pu planter toutes ces petites graines dans un service qualifié de lourd, et je ne souhaite qu'une chose, ces graines vont bien pousser !

CHAPITRE 5

Une nouvelle situation qui n'était pas du tout prévue. Je vais vous confier ce qu'il m'est arrivé.

Un dimanche pas tout à fait comme les autres, c'était un jour d'anniversaire important et je me suis trouvé dans un état disons paranormal !

En fin de matinée nous étions en phase de pique-nique et un ressenti est venu frapper à ma porte.

Comme une force tellurique vient caresser mes deux pieds, je me pose la question

Tiens ça vient d'où ?

Point, je laisse faire, je continue le partage avec mon épouse et un petit peu comme si mon estomac me faisait la tête,il ne me donne plus l'envie de manger.

La force qui venait des pieds a bien décidé de continuer son chemin, et, Elle monte, pas à la vitesse TGV mais gagne du terrain.

Je commence à prendre conscience de mon ressenti ! La montée continue de manière inexorable, la prise de tout mon corps se fait du souci.

Ma chérie je n'ai plus très faim, je me sens fatigué, et … Je PARS.

Description de la couleur bronzée, je passe à la couleur blanche, et ça continue je tombe dans le GRIS.

Là je ne suis plus du tout Conscient. Je suis en état de DECOR-PORATION.

Tout se bouscule, rien ne va plus un peu comme dans un jeu de carte oui mais de VIE.

Dan l'assistance la présence d'une infirmière me prend en charge. Me met en position allongée les jambes surélevées et demande d'appeler les pompiers et vite.

Il ne faut pas le perdre.

Je suis inconscient et toujours hors de mon corps, (sans la moindre douleur !)

Les pompiers arrivent, le Médecin vient vers moi :

Vous m'entendez Monsieur ?

Oui

Quel est votre nom ?

Je lui donne et en plus prénom, mon âge et le nom du président de la république.

Vous pouvez ouvrir les yeux ?

Non

Vous avez mal ?

Non. Car je ne SUIS PAS DANS MON CORPS.

Pardon ?

Silence …

Je vais vous prendre votre tension.

Ce n'est pas la peine votre tensiomètre a un trou !

J'appelle l'hôpital le plus proche vite j'ai une Urgence entre les mains.

Ce Médecin demande à mon épouse si cela arrive souvent, de l'air de dire aidez-moi ? Il ne comprend plus rien, une fois dans le camion la sirène est enclenchée et c'est parti !

Trente bons kilomètres arrêt devant la porte des Urgences, toute une équipe est déjà sur le camion, brancard poussé à l'intérieur du service et le million de questions qui fusent :

Bonjour à vous, et donnez-moi vos noms etc. me voyez-vous ?

Bien sûr.

Avez-vous mal ?

Et non, car je ne suis pas dans mon CORPS !

Et c'est reparti pour expliquer la position dans laquelle je suis !

Bien nous allons vous faire tous les examens, ils vont nous indiquer votre suivi.

Toujours en décorporation, je vois très bien le brancardier qui marche vite, premier arrêt, radio. Et c'est reparti toutes les tentatives de comprendre ce qui se passe, LE TOUT.

Tout est NORMAL.

Le temps passe je me retrouve dans une grande salle je suis seul !

Il y a quelqu'un ? JE SUIS SEUL (Avec ma voix de moniteur !)

Oui je suis là excusez j'étais aux toilettes …

Il ne faut jamais me laisser comme ça SEUL.

Pas de problème excusez-moi Monsieur.

Une fois que tous les résultats sont sur le bureau du Médecin Chef de Service est assis derrière son bureau, et Là je vois ma Femme assise sur le côté.

Le Médecin demande à mon épouse :

C'est souvent que votre Mari est comme ça ?

Ça arrive.

Bien Monsieur j'aimerais bien voir vos yeux ?

Docteur je ne suis pas en MYDRIASE BI LATERALE, mais pour moi le simple fait d'essayer d'ouvrir mes yeux me demande un effort puissant.

Pourquoi ?

C'est comme des éclairs invasifs. Attendez, je me force, j'ai du mal, manque de concentration, ATTENDEZ.

Un peu comme un arrêt sur image, il n'y a plus le moindre bruit le Docteur, ma Femme sont suspendus sur mon visage, je commence à peine l'ouverture profonde encore un petit effort, encore …

J'OUVRE GRAND MES YEUX !!! Je suis content de RETROUVER mon corps !

L'arrêt sur l'image me permet de voir le regard du Chef de Service, et le sourire de ma Chérie qui en dit long !

Bien voilà vous avez compris que je suis bien revenu, tous les examens sont bons, je n'ai plus rien il ne reste plus qu'à vous dire aurevoir !

Non, je vous garde en observation pour continuer à vous suivre !

Que nenni comme vous l'avez lu et surtout dit, tous les résultats sont bons je rentre.

Je me lève, je viens vers ma Femme et en nous prenant la main nous sortons.

Il y en a un qui a du mal comprendre ce qui est arrivé, c'est normal.

Je vais vous faire une petite confidence (énorme) c'est grâce à MA FEMME que je suis sorti, le petit fil qui me retenait était le FIL de MA VIE.

Cette journée était une date importante ANNIVERSAIRE DE NOTRE MARIAGE.

La voiture, la route, le questionnement, il n'y avait rien à dire et tout à comprendre

Je suis bien Là. Le soir à la maison j'ai une grande crainte : « J'ai peur de fermer les Yeux ! »

J'ai vaincu cette pensée.

Encore un PASSAGE de gagné, juste ce petit fil, pour vous tous qui lisez ces quelques mots je vous encourage à ne jamais baisser les bras.

Dans mon métier d'Aide-Soignant j'ai vécu bien des situations avec la grandeur de comprendre ce court moment où LA VIE

QUITTE le corps ; et malheureusement il y a tant de personnes qui sont SEULES dans ce PASSAGE.

Je mets toute mon énergie en cadeau pour vous tous qui êtes avec moi dans ce DON.

Je vais vous laisser chacun dans ce petit plus qui vous fera GRAN-DIR.

Bonne vie et à bientôt pour d'autres partages …